Sandra Wieseckel

Gebäudetechnik in Rechenzentren

GRIN - Verlag für akademische Texte

Der GRIN Verlag mit Sitz in München hat sich seit der Gründung im Jahr 1998 auf die
Veröffentlichung akademischer Texte spezialisiert.

Die Verlagswebseite www.grin.com ist für Studenten, Hochschullehrer und andere Akade-
miker die ideale Plattform, ihre Fachtexte, Studienarbeiten, Abschlussarbeiten oder Disser-
tationen einem breiten Publikum zu präsentieren.

Sandra Wieseckel

# Gebäudetechnik in Rechenzentren

GRIN Verlag

Bibliografische Information der Deutschen Nationalbibliothek: Die Deutsche Bibliothek
verzeichnet diese Publikation in der Deutschen Nationalbibliografie; detaillierte bibliografische Daten sind im Internet über http://dnb.d-nb.de/ abrufbar.


1. Auflage 2002
Copyright © 2002 GRIN Verlag
http://www.grin.com/
Druck und Bindung: Books on Demand GmbH, Norderstedt Germany
ISBN 978-3-638-64256-9

# GEBÄUDETECHNIK FÜR

# RECHENZENTREN

von

Sameer Hafez und Sandra Auerhammer

Hauptseminar SS 2002:

# „Sicherheit für Informationssysteme"

Lehrstuhl Informatik III

# 1 Sicherheitsbedarf

Viele Unternehmen investierten im Jahr 2001 aufgrund des hohen Innovationsdrucks bis zu 10% mehr ihres Umsatzes in das IT-Budget als noch im Jahr 2000 (vgl. ZÜC]) . Wo so viel Geld im Spiel ist, wächst die Abhängigkeit von der Technik enorm – dementsprechend nimmt das Sicherheitsbedürfnis zu. Die hohe Verfügbarkeit von Applikationen und Daten muss jederzeit garantiert sein, um die Kontinuität von Geschäftsprozessen zu gewährleisten. Der Anteil an Investitionen im Sicherheitsbereich betrug dabei lediglich 2.1 % der Gesamtinvestition im EDV-Bereich(vgl. [IFW]).

Ein sicheres Rechenzentrum ist immer relativ zur vorausgesetzten oder unterstellten Gefahr sicher. Auch die berücksichtigten Gefahren können einmal eintreten und Schäden sind nicht auszuschließen. Die Frage ist nur:
Wie oft treten sie ein?
Welche Auswirkungen haben sie?
Sind die Auswirkungen wirtschaftlich zu vertreten?
Wird ein Rechenzentrum alle 10 Jahre vollkommen zerstört oder findet dies lediglich alle 100 Jahre statt?
Ein enormer Unterschied!

Mit 34,3 Mrd. USD fiel im Jahr 2001 die Belastung der Sachversicherung durch Katastrophenschäden außerordentlich hoch aus. Schätzungsweise 19 Mrd. USD entfielen davon auf Sach- und Betriebsunterbruchschäden durch den Terroranschlag am 11. September (vgl. [SIG] S. 3).
In einem Rechenzentrum kann man sich weder Betriebsausfälle, Betriebsunterbrechungen, noch Hardwaredefekte und Datenverluste leisten. Deshalb müssen sich Betreiber von Rechenzentren Gedanken machen, wie sie ihr Gebäude sichern und drohenden Gefahren standhalten.

In diesem Dokument werden wir uns mit Maßnahmen beschäftigen, wie man im physischen Bereich höhere Gefahren wie Feuer, Wasser und Blitz abwehren und geeignete Strategien für einen Notfallplan finden kann.
Ebenso behandeln wir Störeinflüsse im technischen Bereich. Dabei spielen Datenübertragungsfehler aufgrund von Störfeldern in der Verkabelung, fehleranfällige Stromversorgung und Datenverluste eine Rolle. Auch hier diskutieren wir geeignete Verfahren, wie man mit diesem Risiko umgehen kann oder sogar generell die Gefahr ausschalten kann.

In den letzten Jahren sind Schäden, die in einem Rechenzentrum aufgetreten sind, immer mehr auf Sabotage, Vandalismus und Diebstahl zurückzuführen ( vgl. [ZÜC]. S3). Um diesem Trend entgegenzuwirken, stellen wir einige technische Einrichtungen vor, wie man unbefugten Personen den Zutritt ins Gebäude verwehren kann.

Mit dem vorliegenden Schriftstück wollen wir einen Einblick in technische und organisatorische Maßnahmen zur Erhöhung der Sicherheit in einem Rechenzentrum geben, dabei werden keinesfalls alle möglichen Maßnahmen diskutiert.
Wir haben jedoch versucht, die Ursachen zu verschiedenen Gefahren und geeignete Maßnahmen dazu vorzustellen, die je nach Sicherheitsbedürfnis und Sicherheitsbudget umsetzbar sind.

# 2 Sicherheitsgefährdung des Rechenzentrums

## 2.1 Höhere Gewalt

### 2.1.1 Feuer

Brandschutz in sensiblen EDV-Bereichen ist eine Frage, die sich für immer mehr Unternehmen stellt. Denn Brände haben verheerende Folgen in einem Rechenzentrum. Angefangen bei defekten Geräten, über Systemausfall, der vermutlich mehrere Tage oder gar Wochen andauert, bis alle Geräte ersetzt und wieder einsatzfähig sind, bis hin zu irreversiblen Datenverlusten.

#### 2.1.1.1 Ursachen

Im Jahr 2000 war in über 40% der Brandfälle ein Blitzeinschlag die Ursache. Gefolgt von Ursachen, die in der Elektrizität begründet liegen mit ca. 10%. Explosion, Selbstentzündung und Überhitzung lagen alle bei einem Anteil von ca. 3 %. (vgl. [Tech10_2001] S.20)

Wie kann durch Elektrizität ein Brand entstehen?
Zum einen, wenn das Gerät an die Stromversorgung angeschlossen ist, deren Stromstärke bzw. Stromspannung zu hoch ist. Aber auch wenn Strom außerhalb seiner vorgesehenen Bahnen fliesst (durch fehlerhafte Kabelabdichtungen) kann es zu Funken kommen. Diese reichen schon aus, um Staubpartikel zu entzünden.

#### 2.1.1.2 Vorbeugende Schutzmaßnahmen

In Abbildung Nr. 1 sind die wirtschaftlichen Auswirkungen auf Firmen dokumentiert. Auf 49% der Firmen hat der Brand eine so große Wirkung, dass sie nicht mehr betriebsfähig sind. 6% davon werden fusioniert oder verkauft. 28% der Firmen können noch drei Jahre nach dem Brand auf dem Markt aktiv sein.

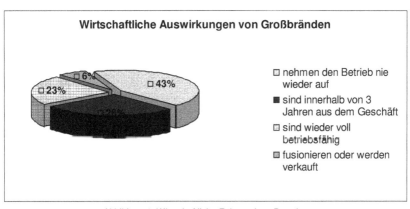

Abbildung 1: Wirtschaftliche Folgen eines Brandes

Wegen dieser gravierenden wirtschaftlichen Auswirkungen ist über eine Anwendung qualitativ hochwertiger Schutzmaßnahmen zur Brandprävention und Brandbekämpfung nachzudenken.

Es gibt verschiedene bauliche Maßnahmen, wie man die Ausbreitung eines Brandes verhindern kann. Dazu zählen Brandschutztüren, sichere Verkabelungen und geeignete Brandmeldeverfahren.

### 2.1.1.2.1 Brandschutztüren

Um Brände möglichst schnell eindämmen zu können, existieren auf dem Markt so genannte „Brandschutztüren. Es handelt sich dabei um rauchdichte Türen, für die ein Prüfzeugnis nach DIN 18095 bei der Bauabnahme vorzulegen ist. Rauchschutztüren müssen selbstschließend sein und bilden eine geprüfte Einheit aus Türzarge, Türblatt und den für die Funktion erforderlichen Beschlägen. Rauchschutztüren sind sehr zu empfehlen, denn laut Statistik entfallen 80% des Schadensausmaßes im Zusammenhang mit Brandschäden in Rechenzentren auf Raucheinwirkung. (vgl. [PfB])

Es gibt verschiedene Feuerwiderstandsklassen für Brandschutztüren nach der Brandschutznorm DIN 4102. Türen fallen dabei in die Kategorie „Feuerabschlüsse". Für diese Kategorie ist eine Feuerwiderstandsklasse von T30-T180 vorgesehen. Dies bedeutet, dass beispielsweise eine Tür der Klasse T60 mindestens 60 Minuten einem Feuerangriff standhalten muss(vgl. [BEMO]).

### 2.1.1.2.2 Sichere Verkabelung

Verkabelungen bestehen heute aus qualitativen und technischen Gründen aus PVC. Kabelbrände sollen vermieden werden, weil bei ihnen sowohl eine hohe Menge an Rauchgasen freigesetzt wird, als auch die Brandausbreitung über die Kabel eine große Gefahr darstellt (vgl. [BS01]).

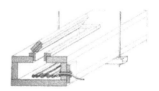

Abbildung 2: Kabelbrandabschottung

Zur Vermeidung von Bränden an Verkabelungen gibt es zum einen die Möglichkeit, schwerentflammbare Kabel zu verwenden, was aber recht kostspielig ist. Zum anderen dient eine Kabelbrandabschottung (siehe Abbildung Nr. 2) dazu, dass die Kabel in einer brandsicheren Umgebung sind. Bei einem eventuell auftretenden Brand in der Verkabelung wird zum einen die Sauerstoffzufuhr reduziert, und zum anderen die Brandausweitung auf andere Räume verhindert.

Die im Abschnitt 2.1.1.2.2 besprochenen vorbeugenden Maßnahmen reichen alleine nicht aus. Sie sind vielmehr unterstützende Maßnahme, um das Ausmaß einzudämmen. Wenn ein Brand ausbricht, muss schnellstmöglich eingegriffen werden, um den Brand zu löschen. Eine sehr schnelle Benachrichtigung bei Bränden kann mit Brandmeldesystemen erreicht werden.

### 2.1.1.2.3 Brandmeldetechnik

Ca. 60% der Serverräume in Deutschland verfügen über keine Brandmeldeanlagen (vgl. [SHB4/02] S. 43). Wichtig wäre aber, dass nicht nur die Serverräume selbst, sondern auch

4

alle angrenzenden Räume in die Brandmeldeanlage involviert sind. Nur so kann sichergestellt werden, dass genug Zeit bleibt, um Schäden vom Serverraum selbst rechtzeitig abwehren zu können. Man unterscheidet Handmelder und automatische Melder. Bei Handmeldern wird der Alarm durch Betätigen eines Druckknopfes ausgelöst. Bei einem Rechenzentrum nützt diese Einrichtung allein wenig, weil nicht immer Personen anwesend sind.

Automatische Rauchmelder verfügen über einen oder mehrere Sensoren. Sie reagieren selbstständig, nachdem sie ihre Messdaten ausgewertet haben.

Unter den automatischen Brandmeldern unterscheiden wir:

- Rauchmelder
- Wärmemelder
- Flammenmelder
- Multisensorenmelder

### 2.1.1.2.3.1 Rauchmelder

Optische Rauchmelder reagieren besonders gut auf sichtbaren Rauch auch bei stärkeren Luftbewegungen. Damit sind sie gut geeignet zum Erkennen von Schwelbränden wie sie oft in elektronischen Einheiten wie Kabeln oder Serverschränken auftreten. Lineare Rauchmelder messen Lichtabschwächungen durch Rauchentwicklung. Abbildung Nr.3 zeigt einen die Funktionsweise eines Rauchmelders.

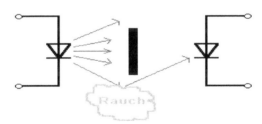

Abbildung 3: Funktionsweise eines Rauchmelders

Im Melder sind eine Lichtquelle und eine Fotozelle in einer Kammer eingebaut. Diese Kammer ist wie ein Labyrinth aufgebaut, so dass im Normalzustand kein Licht an die Fotozelle kommt. Tritt Rauch in die Kammer ein, so werden die Lichtstrahlen an den Rauchpartikeln gebrochen. Die Lichtstrahlen treffen so auf die Fotozelle. An ihr tritt eine Spannung auf, die als Alarm ausgewertet wird.

Ein optischer Rauchmelder hat eine äußerst lange Reaktionszeit, ist aber immer noch ein geeignetes Mittel, um Schwelbrände zu erkennen. Rauchmelder sind besonders sind sie dort geeignet, wo „Hitzepuffer" wie z.B. Serverschränke die Funktion von Flammenmeldern bzw. Wärmemeldern beeinträchtigen. Die Geräte in der Serverschränken sorgen schon alleine für eine erhöhte Umgebungstemperatur, so dass die Datenauswertung eines Wärmemelders beeinträchtigt werden kann.

### 2.1.1.2.3.2 Wärmemelder

Bei der Kategorie der Wärmemelder gibt es zum einen Melder, bei denen man eine Grenztemperatur einspeichern kann. Übersteigt die Raumtemperatur diese Grenze wird ein Alarm ausgelöst. Zum anderen gibt es Thermodifferentialmelder. Die Funktionsweise eines Thermodifferenzialmelders ist folgendermaßen: Das Gerät misst die Umgebungstemperatur. Übersteigt sie in einem gewissen Zeitraum ein definiertes Temperaturintervall, wird Alarm ausgelöst.

### 2.1.1.2.3.3 Flammenmelder

Flammenmelder sind Ultraviolett-Melder, die auf den UV-Strahlungsanteil von Flammen reagieren. Sie eignen sich aber eher für Flüssigkeitsbrände, weil dort Stichflammen auftreten, was in EDV-Anlagen eher selten der Fall ist.

### 2.1.1.2.4 Einsatz von Brandmeldern im Rechenzentrum

Am besten geeignet sind so genannte Multisensorenmelder, die zwei Detektionsprinzipien vereinen. Sie sind in der Lage, den Raum sowohl optisch als auch die thermisch zu überwachen.

Bei der Zuverlässigkeit und Sicherheit von Brandmeldern kommt es auf zwei entscheidende Faktoren an:

a) Detektionsleistung:     Je früher der Melder Alarm auslöst, desto besser seine Detektionsleistung

b) Echtalarmsicherheit:     Fehlalarme müssen weitestgehend ausgeschlossen werden

Die Detektionsleistung ist heutzutage schon so gut, dass 95% der Brände schon im Anfangsstadium Alarm schlagen, und somit eine schnelle Löschung gewährleistet ist.
Als Problem ergibt sich aber, dass auf eine Feuermeldung etwa 16 Falschmeldungen kommen. Durch geeignetes Anbringen von Wärme-, Rauch, und Flammenmeldern an kritischen Stellen im Rechenzentrum sollte der Anteil an Falschmeldungen möglichst gering gehalten werden. Ebenso hat die sinnvolle Einstellung der Grenzwerttemperatur an Wärmemeldern Wirkung gezeigt. Zu beachten ist dabei vor allem die Berücksichtigung des rechenzentrumseigenen Temperaturanstiegs, wenn die Geräte in Betrieb sind.

### 2.1.1.2.5 Produktbeispiele

Im Folgenden werden zwei Brandmelder mit unterschiedlichen Leistungseigenschaften vorgestellt.

a) *Acclimate Melder®*
b) *VIEW Lasermelder®*

*Acclimate®* (siehe Abbildung Nr. 4) ist ein Mehrfachsensor-Rauchmelder. Er benutzt zwei Verfahren, um entstehende Brandrisiken zu detektieren: Das optische und das thermische. Er setzt sich von anderen Meldern ab, weil in ihm eine Software integriert ist, welche ermittel-

te Werte des optischen- und des Thermomelders kombiniert auswertet selbst wichtige Vorentscheidungen treffen kann. Neu gewonnene Daten verarbeitet er und nimmt sie in seine Datensammlung auf. Dabei lernt er und stellt sich automatisch auf wechselnde Umgebungsbedingungen ein.

**Abbildung 4: ACCLIMATE**

Durch die kombinierte Auswertung kann die Anzahl Falschmeldungen reduziert werden. Wird z.b. ein Anstieg bei Rauch entdeckt, aber keine Temperaturänderung, dann wird der Melder zunächst keine Alarmmeldung ausgeben, sondern verschärft auf Temperaturänderung warten. Bleibt die Temperatur gleich und der Rauchlevel sinkt wieder, gibt es keinen Voralarm oder Alarm.

Der *VIEW LASER* Melder® ist ein Rauchmelder. Er arbeitet mit einer Laserdiode Dadurch wird im Gegensatz zu anderen Rauchmeldern, die mit Photodioden arbeiten, erkennen von minimalen Rauchmoleküle möglich.

Ein Laserstrahl pulst sein Licht durch die Messkammer. Am Ende der Strecke wird der Lichtstrahl durch eine Lichtabsortionskammer vernichtet - es entsteht kein Streulicht, sondern eine kleinere Messstrecke als beim Einsatz von Photodioden. Wird der Laserstrahl durch Rauchpartikel gebrochen (gestreut) so gelangen die Lichtreflektionen über den optischen Verstärker gebündelt zum Empfänger. Abbildung Nr. 5 zeigt die Innenansicht des Brandmelders.

Abbildung 5: Innenleben des VIEW-
Laserbrandmelders®

### 2.1.1.3 Maßnahmen zur Brandeindämmung

Ist es trotz aller Vorsichtsmaßnahmen zu einem Brand gekommen, helfen nur noch geeignete und schnell wirkende Maßnahmen zur Brandeindämmung.

In den Räumen eines Rechenzentrums befinden sich in der Regel große Mengen an Brandlasten wie Kabel und andere Kunststoffe. Diese Brandlasten sind nicht nur wegen Ihres Brandverhaltens schwierig zu löschen, sondern bereiten auch erhebliche Probleme aufgrund

der starken Rauchgasentwicklung. Die dabei entstehenden Gase sind nicht nur für die Menschen, die sich in den Räumen aufhalten ein Gesundheitsrisiko, sondern können auch elektronische Geräte wie z.B. Plattenlaufwerke u.ä. zerstören. Nachfolgend werden einige Möglichkeiten vorgestellt, wie man Brände eindämmen und löschen kann.

### 2.1.1.3.1 Sprinkleranlagen

Mit Sprinkleranlagen kann zwar mit einem mittleren Tropfendurchmesser von 1 Millimeter und einer Reaktionsoberfläche von 2 Quadratmetern pro Liter Wasser ein gutes Löschverhalten erreichet werden, doch besteht eine unmittelbare Gefahr von Wasserschäden bzw. im besten Fall eine starke Funktionsbeeinträchtigung der elektronischen Geräte. Trotzdem gehören Sprinkleranlagen in Deutschland immer noch zum Standard. Dies liegt vor allem an den vergleichsweise niedrigen Anschaffungs- und Instandhaltungskosten (vgl. [TÜW ] S.21 ff).

Ein weiterer gravierender Nachteil beim Einsatz von Sprinkleranlagen ist die mangelnde Brandlastkühlung bei verdeckten Bränden. Verdeckte Brände finden beispielsweise in Serverschränken, Kabelschächten statt und sind für das Auge erst sehr spät zu erkennen. Wird die Brandlast nicht ausreichend gekühlt, kann das Feuer wieder auflodern.

Im direkten Strahlbereich des Sprinklers kann eine gute Brandlastkühlung erreicht werden, wohingegen bei verdeckten Bränden wie sie in Serverräumen üblich sind, keine oder nur eine geringe Wirkung erzielt wird, da die Brandherde nicht mit dem Wasser erreicht werden.

### 2.1.1.3.2 $CO_2$-Löschsysteme

Eine weitere Möglichkeit, Brände zu bekämpfen ist der Einsatz von $CO_2$-Löschsystemen. Diese versuchen aber nur das Feuer zu ersticken. Es findet keinerlei Kühlung der Brandlast statt, so dass Schäden, welche durch die enorme Hitzeentwicklung entstehen, nicht vermeidbar sind. Ein weitaus größeres Problem beim Einsatz derartiger Löschsysteme stellt die Toxizität dar. Eventuell noch anwesende Personen in den vom Brand betroffenen Räumen des Rechenzentrums sind in akuter Lebensgefahr.

Wegen den negativen Eigenschaften beim Einsatz von Sprinkleranlagen und $CO_2$ denkt man schon längere Zeit über Alternativen nach und zieht immer mehr die Brandbekämpfung mit Edelgas in Erwägung.

### 2.1.1.3.3 Einsatz von Edelgas

Zur Brandbekämpfung eignet sich unter den Edelgasen vor allem der kostspielige Einsatz von Argongas[1].

Das ist ein Edelgas, welches für den Menschen ungefährlich ist, auch wenn es direkt eingeatmet wird. Zwar wird der Sauerstoffgehalt in der Luft stark reduziert, aber ein Mensch würde dennoch überleben.

---

[1] Argongas: (Ar) ist ein aus der Umgebungsluft gewonnenes Edelgas. Es ist zu 0,93 Vol. % in der Atmosphäre enthalten. Das Löschmittel Argon wird gasförmig verdichtet in Hochdruckstahlflaschen gelagert.

Ein weiterer Vorteil von Argongas ist die Verträglichkeit mit technischen Geräten. Während der Einsatz von Wasser wie auch der Einsatz von $CO_2$-Gasen die Geräte schädigt, hat das Argongas keine schädigende Auswirkung auf elektronische Bauteile.

## 2.1.2 Wasser

Wasser kann durch verschiedene Gründe in die Räume eines Rechenzentrums eindringen, und damit Schäden an den Geräten anrichten.

### 2.1.2.1 Ursachen

Schon bei dem Thema Maßnahmen gegen Brände im Rechenzentrum (siehe Abschnitt 2.1.1.3.1), haben wir die Möglichkeit kennen gelernt, dass durch Sprinkleranlagen Wasser eindringen kann. Auch durch Löschwasser der Feuerwehr, Rohrleitungsbruch, Hochwasser, undichte Dächer und Undichtigkeiten in Kühlschläuchen kann Wasser eindringen.

### 2.1.2.2 Vorbeugende Schutzmaßnahmen

Der Einsatz von Sprinkleranlagen ist in der heutigen Zeit fragwürdig, auch wenn es eine kostengünstige Lösung darstellt. Rechnet man den Materialschaden, der durch das Eindringen von Wasser entsteht mit ein, geht der Kostenvorteil schnell verloren. Auch haben wir schon sinnvollere Maßnahmen zur Brandeindämmung kennen gelernt, die eine echte Alternative zur Wasserlöschung darstellen, da der negative Nebeneffekt weitaus geringer ausfällt. Die Installation von geeigneten Brandschutzanlagen und die Vermeidung von Sprinkleranlagen stellt damit schon eine geeignete Möglichkeit dar, Wassereindringen ins Gebäude zu vermeiden.

Doch nicht jedes Wassereindringen kann vermieden werden. Deshalb ist über geeignete Maßnahmen zur Schadensbegrenzung beispielsweise im Fall von Rohrbruch oder Hochwasser nachzudenken.

### 2.1.2.3 Schadensbegrenzung

Um den Wasserschaden im Rechenzentrum möglichst gering zu halten, setzt man Frühwarnsysteme ein. Wasserwarnanlagen sind ähnlich wie automatische Brandmelder. Sie werden an geeigneten Stellen installiert und geben ab einem gewissen Wasserstand Alarm. Ein Anbringen an einer Vertiefung im Boden ist besonders geeignet, weil in der Absenkung der Wasserstand schneller steigt und die Warnhöhe schneller erreicht wird, ohne dass schon ein Schaden an den Geräten entsteht.

Serverschränke, andere elektronische Geräte und natürlich Kabel sollten so platziert sein, dass sie bei Eindringen von kleinen Wassermengen keinen Schaden nehmen. Dies kann durch Hochstellen der Geräte erreicht werden. Die Kabel können durch wasserdichte Kabelschächte gesichert werden.

## 2.1.3 Blitz

Im Jahr 2000 entfielen etwa ein Drittel aller EDV-Schäden in der Vergangenheit auf Überspannungsschäden, insbesondere durch indirekte Blitzeinwirkung verursacht (vgl. [ZÜC]). Ist der Schaden an einem Gebäude durch einen indirekter Blitzeinschlag entstanden, so war der Einschlagort bis zu mehreren hundert Meter weit entfernt. Von einem direkten Blitzeinschlag spricht man, wenn der Einschlagort des Blitzes direkt am betroffenen Gebäude ist.

### 2.1.3.1 Gefahr

Normalerweise ist die Netzspannung durch eine sinusförmige Stromspannungskurve klassifiziert. Treten Störungen auf, so entstehen mehr oder weniger starke Abweichungen in der Kurve (vgl. Abbildung 6).

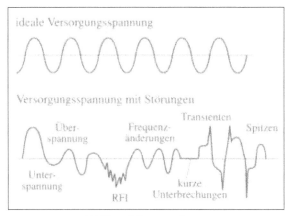

**Abbildung 6: Spannungskurven**

Es gibt mehrere Arten von Überspannungsschäden, die durch Blitzeinschläge verursacht werden. Dazu zählen:

- Stoßspannungen: extreme Spannungsstöße von bis zu 6000 V
- Transiente Überspannung: extreme Spannungsstöße von bis zu 20000 V

Immer wenn die Spannungskurve von der Sinuskurve abweicht, stellt dies eine Gefahr für das gesamte an das Stromnetz angeschlossene System dar.

Die Folgen solcher Spannungsstörungen sind:

- Datenverlust
- Fehlerhafte Daten
- Zerstörte Hardware
- Geräteausfall

## 2.1.3.2 Schutzmaßnahmen

Ein effektives Schutzprogramm gegen Blitzschläge bietet nur eine Kombination von folgenden Schutzmechanismen:

- Blitzschutzanlagen (äußerer Blitzschutz am Gebäude)
- Potentialausgleich (innerer Blitzschutz für alle eintretenden Leitungen)
- Grobschutz mit FI Schutzschaltern
- Überspannungsschutz , seriell einschraubbar für Koaxialkabel[2]

Äußere Blitzschutzanlagen leiten den Blitz in die Erdungsanlage. Die Erdungsanlage ist in der Regel im Erdreich oder Beton eingebettet. Zwischen der Erdungsanlage und den metallenen Gebäudeinstallationen ist über eine Potentialausgleichsschiene eine Verbindung herzustellen. Dadurch werden bei einem Blitzschlag Spannungsunterschiede mit möglichen Überschlägen verhindert. Überspannungsschutz dient zum Schutz der elektrischen Geräte gegenüber Spannungen. Sie sind in den Verteilungen, möglichst unmittelbar hinter der Hauseinspeisung einzubauen. Ein FI Grobschutz überwacht in einem Stromkreis die zu- und abfließende Strommenge. Sobald der Unterschied zwischen dem zu- und abfließenden Strom einen bestimmten Wert erreicht oder überschreitet, wird die Leitung abgeschaltet. Der äußere Blitzschutz besteht aus einer Fangeinrichtung, Ableitungen und Erdungsanlagen, vergleichbar mit einem Blitzableiter an Wohnhäusern. Bei direktem Blitzeinschlag verhindert der äußere Blitzschutz Brand und physische Gebäudezerstörung.

Ein indirekter Blitzeinschlag ist viel wahrscheinlicher als ein direkter, da das Ausmaß eines Blitzeinschlages mehrere hundert Meter im Umkreis betrifft. Durch beide Arten kann es aber zu Schädigungen an den Geräten des Rechenzentrums kommen. Um einen effektiven Gebäudeschutz zu realisieren, werden metallene Betonteile zusammengeschlossen, um einen Faradayschen Käfig zu erzeugen.

## 2.2 Störfälle technischer Art

Die Hardware eines Rechenzentrums ist anfällig für technische Störungen. Vor allem die Stromversorgung ist ein kritisches Thema. Es können jedoch auch Hardwareschäden sowie Datenverluste aufgrund von elektromagnetischen Feldern entstehen, die die Datenübertragung empfindlich stören.

## 2.2.1 Stromversorgung

Für den Betrieb von elektrischen Geräten muss eine kontinuierliche und permanent gleich bleibende Stromversorgung aller Geräte vorhanden sein. Bereits Unterbrechungen von wenigen Millisekunden oder geringfügige Stromschwankungen können EDV-Geräte zum Ausfall bringen.

---

[2] Koaxialkabel: dienen dazu, Probleme wie elektromagnetische Strahlungseinflüsse zu reduzieren.

## 2.2.1.1 Ursachen

Etwa 30% aller EDV-Schäden der Computer-, Netzwerk-, Industrie- und Automatisierungsanwendungen werden durch Störungen im Versorgungsnetz erzeugt. In Abbildung 7 sind die auftretenden Störungen näher klassifiziert. (vgl. [ Bern01] S.131).

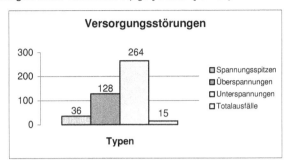

Abbildung 7: Arten von Stromversorgungsstörungen

Ein Versuch, diese Störungen in den Griff zu bekommen, war die Idee der „Unterbrechungsfreien Stromversorgung" (USV) bzw. „Uninteruptible Power Supply" (UPS).

### 2.2.1.2 Gegenmaßnahmen

Als Gegenmaßnahmen zur Stabilisierung der Stromversorgung bieten sich Notstromaggregate und USV-Geräte an.

### 2.2.1.2.1   Notstromaggregate

Ein Notstromaggregat (siehe Abbildung Nr. 8) ist ein Diesel- oder Gasgenerator, der die Stromversorgung eines Gerätes übernehmen kann, wenn kein Netzstrom mehr vorhanden ist. Für den Einsatz im EDV-Bereich ist es aber nur teilweise einsetzbar, weil ein Notstromaggregat nicht schnell genug starten kann, um einen ununterbrochenen Betrieb von elektrischen Verbrauchern zu gewährleisten.

Abbildung 8: Dieselaggregat

12

Wie wir später (siehe Abschnitt 2.2.1.2.3) sehen werden, eignen sich Notstromaggregate, um nach dem Einsatz von USV-Systemen die Notstromversorgung für einen längeren Zeitraum aufrechtzuerhalten.

## 2.2.1.2.2  Unterbrechungsfreie Stromversorgung

Eine unterbrechungsfreie Stromversorgung kann mit USV-Geräten sichergestellt werden. Unter USV versteht man ein Gerät, das an einem PC oder Server angeschlossen wird und im Störungsfall die unterbrechungsfreie Weiterversorgung durch Batterien bzw. Akkumulatoren gewährleistet. Dabei muss innerhalb von wenigen Millisekunden eine Umschaltung auf Batterie stattfinden. Ein weiterer Vorteil beim Einsatz von USVs ist, dass diese Geräte wie ein Netzfilter fungieren können und damit Störungen vom Gerät ableiten können.

Es gibt USVs, die dem Rechner über ein serielles Interface den aktuellen Zustand des Systems mitteilen. Dadurch ist es möglich, bei einer Störung den Administrator zu informieren oder dass der angeschlossene Server bzw. Arbeitsplatzrechner kurz vor vollständiger Entladung der Batterie selbstständig kontrolliert herunterfahren kann.

Die optimale Absicherung der Systeme ist in erster Linie von der jeweiligen Infrastruktur abhängig. Dabei gibt es zwei Möglichkeiten:

- die zentrale Installation einer USV
- die dezentrale Installation einer USV

Ist das Netzwerk komplex und räumlich verteilt, so werden die Kabel von einer zentralen USV zu den Verbrauchern sehr lang und damit auch relativ störanfällig. Hier eignet sich daher eher eine dezentrale Absicherung. Auch im Falle eines Kurzschlusses in der USV ist dann nicht das gesamte System ungeschützt, sondern nur der von dem jeweiligen Gerät versorgte Teil. In der Regel verwendet man bei der dezentralen Absicherung Offline-USV.

### 2.2.1.2.2.1  Offlinetechnologie

Bei der Line-Interactive-Technik, auch Offline- oder Standby-Technologie genannt, wird die vom Netz eingehende Spannung permanent überwacht und analysiert. Bei Abweichungen vom Idealwert oder einem völligen Netzausfall schaltet ein Wechselrichter innerhalb von Millisekunden auf Batteriestrom um. (siehe Abbildung 9)

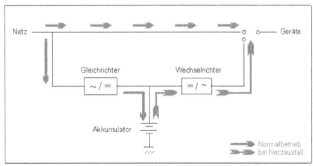

**Abbildung 9: Offlinetechnologie**

13

Im Normalbetrieb wird das angeschlossene Gerät über Netzstrom versorgt. Zusätzlich wandelt ein Gleichrichter den Eingangsstrom in Gleichstrom, damit der Akkumulator aufgeladen werden kann. Bei Netzausfall versagt die normale Stromversorgung. Das Gerät wird dann über den Akkumulator versorgt. Da das Gerät aber nur mit Wechselstrom arbeitet, muss ein Wechselrichter zwischengeschaltet werden.

Will man zusätzlich eine konstante Eingangsspannung für die Geräte sicherstellen, greift man auf die Offlinetechnologie mit AVR (Automatic Voltage Regulator) zurück. Diese stellt sicher, dass alle angeschlossenen Geräte mit konstanter Spannung versorgt werden.

**2.2.1.2.2.2 Offlinetechnologie mit AVR**

Das AVR Gerät ist dazu da, dass Stromspannungsschwankungen im Stromnetz reguliert werden. Wie in nachfolgender Abbildung ersichtlich, befindet sich der Regulator vor den Geräten und tritt nur bei Netzbetrieb in Aktion.

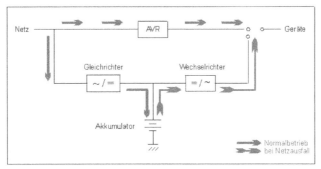

**Abbildung 10: Offlinetechnologie mit AVR**

Die Offline-USV bietet Schutz gegen Stromausfall, Spannungseinbruch, Spannungsstösse, Unterspannung und Überspannung.

Das Gegenstück zur Offline-Technologie ist die Online-Technologie.

**2.2.1.2.2.3 Onlinetechnologie**

Die Online- alias Doppel- oder Dauerwandler-Technologie ist netzunabhängig. Die eingehende Spannung durchläuft zuerst einen Gleichrichter, dann die Batterie und anschließend einen Wechselrichter, der wieder eine Wechselspannung von 230 V generiert. Diese ist perfekt sinusförmig und frei von Störungen. Unter- und Überspannungen können nicht bis zu den Verbrauchern vordringen. Da die Eingangsspannung permanent über die Batterie läuft, entfällt bei einer Dauerwandler-USV zudem die Umschaltzeit. Diese Technik garantiert damit höchste Verfügbarkeit. Sollte die USV defekt oder überlastet sein, wird der Strom direkt vom Netz zum Gerät geführt.

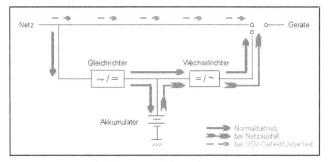

**Abbildung 11: Onlinetechnologie**

Da die Onlinetechnologie im Gegensatz zur Offlinetechnologie zusätzliche Funktionen wie beispielsweise Ausgleich von Frequenzschwankungen[3] bietet, wird sie am häufigsten eingesetzt.

### 2.2.1.2.3 Zuverlässigkeit der Maßnahmen

Die Zuverlässigkeit einer USV wird hauptsächlich durch die Qualität der Batterie bestimmt. Sie wird von folgenden Rahmenbedingungen beeinflusst:

- Batterietemperatur
- Batterieladung und Entladung
- Batteriespannung

Eine Studie des Leibnitz-Rechenzentrums München vom Mai 1995 hat ergeben ( [vgl. LRZ95] S.10), dass das Altern einer Batterie sehr stark von der Umgebungstemperatur abhängig ist. Umfangreiche Tests haben ergeben, dass bei einer Erhöhung der Umgebungstemperatur um 5° C die Lebensdauer bereits um durchschnittlich 10 % sinkt. Das sind bei einer durchschnittlichen Lebensdauer von normalerweise 5 Jahren bei 20°C starke Einbußen. Verschiedene Herstellerangaben nennen eine optimale Lagerungstemperatur zwischen 15°C und 25°C. Die Batterien gelten generell als wartungsfrei, sollten jedoch von Zeit zu Zeit überprüft werden.

Aber auch die USV-Systeme selbst haben Einfluss auf die Lebenszeit einer Batterie. Da in Online-Systemen permanent eine Wandlung des Eingangsstroms vorgenommen wird, erwärmen sich dadurch die Bauteile. In Offline-Systemen, die im Stand-by-Modus betrieben werden, finden keine permanenten Wandlungen statt und somit ist keine ständige Wärmeentwicklung vorhanden.

Batterien mit niedriger Blockspannung haben eine höhere Lebensdauer (vgl. [LRZ95], S. 11). Da die Batteriekosten etwa 30% des gesamten USV Systems ausmachen, rät man zu Batterien mit niedriger Blockspannung. Für ein Rechenzentrum einer Bank würden die Kosten für ein ganzes USV-System ca. 35000 € ausmachen (vgl. [USV]). Ein wichtiger Aspekt vor allem bei günstigen Stand-by-Systemen ist, dass es oft nicht möglich ist, defekte Batterien auszuwechseln. Für diesen Fall muss dann die komplette USV-Anlage erneuert werden.

---

[3] Frequenzschwankungen: vergleichbar mit Spannungsabweichungen im Stromnetz (vgl. Abschnitt: 2.1.3.1)

Unter Überbrückungszeit, auch Autonomiezeit genannt, versteht man den Zeitraum, in dem das USV-Gerät für die Stromversorgung verantwortlich ist. Die Zeitspanne beträgt üblicherweise 15 Minuten. (vgl. [TEC00] Nr.9). Nach dieser Zeit kann ein Notstromsystem die Stromversorgung übernehmen.

## 2.2.2 Verkabelung

Die Verkabelung von IT-Systemen umfasst alle Kabel und passiven Komponenten der Netze vom evtl. vorhandenen Übergabepunkt aus einem Fremdnetz (Telefon, ISDN) bis zu den Anschlusspunkten der Netzteilnehmer. Im Einsatz sind dabei in Ihrer Übertragungsart, -rate und ihrer Übertragungs- und Abhörsicherheit sehr unterschiedliche Kabel:

- Verdrillte Kupferkabel
- Lichtwellenleiter
- Koaxialkabel

In der modernen Datenkommunikation werden zunehmend Lichtwellenleiter (LWL) für die Informationsübertragung, bei der Telekommunikation und auch im Bereich der Rechnervernetzung eingesetzt. Der Begriff Lichtwellenleiter ist in der DIN 47002 und VDE 0888 genormt und besagt, dass es sich um einen Leiter handelt, in dem moduliertes Licht übertragen wird. Der LWL kann aus Glasfaser oder Kunststoff bestehen und zeichnet sich u.a. durch seine extrem hohe Übertragungsrate aus, die bis zu mehreren Milliarden bit/s betragen kann. Außerdem sind LWL unempfindlich gegenüber elektromagnetischen Störungen, weitestgehend abhörsicher.

Bei einem Koaxialkabel befindet sich ein Kupferleiter im Innern des zweiten Leiters (Außenleiter). Durch eine Isolation werden beide voneinander getrennt, und dem Kabel mechanische Stabilität gegeben.

Folgende Tabelle listet die charakteristischen Eigenschaften der oben genannten Kabel auf:

| Medium / Merkmal | Verdrillte Kupferkabel | Koaxial - Basisband | Koaxial-Breitband | Lichtwellenleiter |
|---|---|---|---|---|
| Übertragungsart | Analog/digital Uni-/bidirektional | Digital bidirektional | Analog/digital unidirektional | unidirektional |
| Übertragungsrate | 16 MBit/s | bis 60 Mbit/s | Bis 600 Mbit/s | Bis 10GBit/s |
| Fehlerrate | $10^{-5}$ | $10^{-7}$ bis $10^{-8}$ | $10^{-8}$ bis $10^{-9}$ | $< 10^{-12}$ |
| Abhörsicherheit | Gering | Gute Abschirmung /Jedoch leicht anzapfbar | Gute Abschirmung/Jedoch leicht anzapfbar | Hoch |
| Störempfindlichkeit | Groß | Durch magn. Felder | Durch magn. Felder | Sehr gering |
| Verlegbarkeit | Sehr gut | gut | Gut | Schwierig |
| Kosten | gering | hoch | Hoch | Relativ hoch |

*Tabelle 1: Eigenschaften von Übertragungsmedien*

16

### 2.2.2.1.1 Ursachen

Angriffsfläche auf die Sicherheit des Systems stellen Kabel zum einen Aufgrund Ihrer Fehlerrate in der Übertragung dar. Zum anderen aber auch durch Hardwarefehler. Solche Hardwarefehler werden meist durch Transienten (siehe Abbildung Nr. 6) verursacht. Unter Transienten versteht man kurzzeitig auftretende Stoßspannungen, die sehr hohe Werte erreichen können und sich blitzschnell ausbreiten. Die meisten Transienten entstehen im eigenen Gebäude und im eigenen Versorgungsnetz. Maschinen, Geräte und Leuchtstoffröhren geben Stromimpulse auf das Netz. So kann beispielsweise eine Leuchtstofflampe, die abgeschaltet wird, einen Spannungsimpuls von 3kV abgeben. Ein Blitzschlag in der Nähe einer elektrischen Leitung kann sogar einen Impuls von bis zu 10kV auslösen. Elektronische Geräte, die solchen Tran-sienten ausgesetzt werden, erreichen keine lange Lebensdauer und werden in Ihrer Funktion beeinträchtigt.

Datenübertragungen werden häufig fehlerhaft bei Störung durch magnetische Felder. Da ein Kommunikationsnetz aus langen Leitungen besteht, werden diese aus Unkenntnis oft zusammen mit anderen Leitungen, wie z.b. Stromversorgungen verlegt. Alle stromführenden Kabel erzeugen jedoch elektromagnetische Felder, die benachbarte und kreuzende Kabel beeinflussen können.
Unabhängig von den rein elektrischen oder magnetischen Einflüssen können weitere Umweltfaktoren auf ein Kabel einwirken.
- hohe Temperaturen
- aggressive Gase
- Hohe mechanische Belastungen (z.b. provisorische Verlegung auf dem Fußboden)

### 2.2.2.1.2 Gegenmaßnahmen

Magnetische Felder lassen sich minimieren durch Verwendung von geeigneten abgeschirmten Kabeln. Ebenso sollte auf sichere Verlegung von Hauptstromversorgungskabeln Wert gelegt werden. Da diese Starkstrom führen, erzeugen sie große magnetische Felder. Je näher die Kabel aneinander verlegt werden, desto beschränkter wirkt ihr magnetisches Feld. Ebenso spielt die Distanz der einzelnen Leiter in dem Kabel eine Rolle. In der Entfernung von 4-5mal Leiterdistanz ist das Magnetfeld nur noch 1-2% von dem an der Kabeloberfläche (siehe [DAE]).

### 2.2.3 Daten

Die Datensicherung und Datenlagerung ist eines der wichtigsten Bestandteile für den problemlosen und schnellen Wiederanlauf nach einem Systemausfall.

### 2.2.3.1 Ursachen für Datenverluste

Abhildung 12 zeigt die Ursachen für Datenverluste.

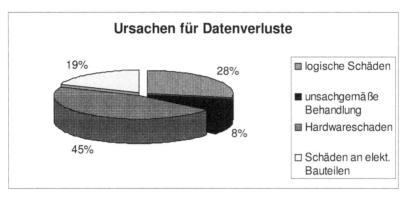

Abbildung 12: Ursachen für Datenverluste

Logische Schäden sind Festplattenschäden. Hardwareschäden betreffen die Schäden an der Gesamtanlage mit Ausnahme der Festplatten. Unter Schäden an elektrischen Bauteilen sind Teile am Stromversorgungssystem zusammengefasst.

Eine Studie von OnTrack (vgl. [OT] ) belegt den finanziellen Verlust von 20 MByte Daten:

| Datentyp | MByte | Schaden in US-Dollar |
|---|---|---|
| Vertriebsdaten | 20 | 17000 |
| Finanzdaten | 20 | 19000 |
| CAD-Daten | 20 | 90000 |

Tabelle 2: Finanzieller Verlust

Doch Datenverlusten kann man durch Sicherungsstrategien vorbeugen.

### 2.2.3.2 Vorbeugende Maßnahme: Datensicherung mittels RAID

### 2.2.3.2.1 Grundidee von RAID

Vor rund 20 Jahren waren zur Datensicherung in Rechenzentren SLEDs (Single Large Expensive Disks) im 14 Zoll Format gebräuchlich (siehe [TEC03]). Sie boten zwar auf den damaligen Zeitpunkt bezogen mit ca. zwei bis drei Gigabyte hohe Kapazitäten, doch waren sie verhältnismäßig teuer.

Als Alternative wurden dann 5,25 Zoll Disks verwendet. Die Speichereinheiten waren aber kleiner, und so führte der Verwaltungsaufwand der einzelnen Platten zu Problemen. Sie wurden damals als JBOD („just a bunch of disks"), also einem Bündel unabhängiger Platten verwaltet. Das Auffinden sowohl von gespeicherten Daten als auch von freiem Speicherplatz war damit recht kompliziert. Auch die Zuverlässigkeit dieser „Mini-HDDs" war schon deutlich unter jener der SLEDs.

18

In den 80er Jahren wurde dann an der Universität von Kalifornien in Berkeley die so genannte RAID[4]-Technologie entwickelt. Die Entwickler schlugen eine Kombination mehrerer Laufwerke zu einem Verbund vor, der mit Fehlererkennungs- und Fehlerkorrekturmechanismen ausgestattet ist. Die angepeilten Zielen waren kostengünstige, hochkapazitive Speicherung und gute Ausfallsicherheit.

## 2.2.3.2.2 RAID-Level-System

Ein RAID-System ist in der Lage, Daten - gegebenenfalls. redundant - auf mehreren Festplatten zu speichern. RAID-Systeme setzen sich immer aus mehreren Festplatten zusammen. Der RAID-Level 0 wird auch als "Non-Redundant Striped Array" bezeichnet. Die "0" steht also für "keine Redundanz" bzw. "keine Sicherheit". Im RAID-0-System werden 2 und mehr Festplatten zusammengeschaltet, um die Schreib-Lese-Geschwindigkeit zu erhöhen. Die entstehenden Daten werden in kleine Blöcke mit einer Größe von 4 bis 128 KByte aufgeteilt. gespeichert. So kann auf mehrere Platten gleichzeitig zugegriffen werden, was die Geschwindigkeit insbesondere bei sequentiellen Zugriffen erhöht. Da bei RAID 0 keine redundanten Informationen erzeugt werden, gehen Daten verloren, wenn eine RAID-Platte ausfällt. Und da die Daten einer Datei auf mehrere Platten verteilt sind, lassen sich auch keine zusammenhängenden Datensätze mehr reproduzieren, selbst wenn nur eine Platte im RAID-0-Array ausfällt.

In einem RAID-1-System, auch "Drive Duplexing" genannt, werden auf 2 Festplatten identische Daten gespeichert. Es ergibt sich damit eine Redundanz von 100 Prozent. Fällt eine der beiden Platten aus, so arbeitet das System mit der verbleibenden Platte ungestört weiter. Die hohe Ausfallsicherheit dieses Systems wird allerdings meist nur in relativ kleinen Servern eingesetzt, da bei RAID 1 die doppelte Plattenkapazität benötigt wird, was sich bei großen Datenmengen schnell finanziell bemerkbar macht.

Das RAID 2-System teilt die Daten in einzelne Bytes auf und verteilt sie auf die Platten des Platten-Arrays. Der Fehlerkorrekturcode (ECC = Error Correction Code) wird nach dem Hamming-Algorithmus berechnet und auf einer zusätzlichen Platten gespeichert. Da in allen modernen Festplatten bereits Methoden zur Fehlerkorrektur enthalten sind, spielt dieser RAID-Level in der Praxis keine große Rolle mehr.

In einer RAID-3-Konfiguration werden die Daten in einzelne Bytes aufgeteilt und dann abwechselnd auf den - meistens 2 bis 4 - Festplatten des Systems abgelegt. Für jede Datenreihe wird ein Parity-Byte hinzugefügt und auf einer zusätzlichen Platte - dem "Parity-Laufwerk" - abgelegt. Beim Ausfall einer einzelnen Festplatte können die verloren gegangenen Daten aus den verbliebenen sowie den Parity-Daten rekonstruiert werden. Da moderne Festplatten und Betriebssysteme aber nicht mehr mit einzelnen Bytes arbeiten, findet auch der RAID-Level 3 kaum noch Verwendung.

Prinzipiell ist RAID 4 mit RAID 3 vergleichbar. Nur werden Daten nicht in einzelne Bytes, sondern in Blöcke von 8, 16, 64 oder 128 KByte aufgeteilt. Beim Schreiben von großen sequentiellen Datenmengen lässt sich so eine hohe Performance erreichen. Werden verteilte Schreibzugriffe vorgenommen, muss jedes mal auf den Parity-Block zugegriffen werden. Für viele kleine Zugriffe ist RAID 4 demnach nicht geeignet.

Beim RAID-5-Level werden die Parity-Daten - im Unterschied zu Level 4 - auf allen Laufwerke des Arrays verteilt. Dies erhöht die Geschwindigkeit bei verteilten Schreibzugriffen. Eng-

---

[4] Raid: **R**edundant **A**rray of **I**ndependent **D**isk

pässe durch die spezielle Parity-Platte können nicht entstehen. Bedingt durch diese Vorteile hat sich RAID 5 in den letzten Jahren beliebteste RAID-Variante für PC-Systeme etabliert.

### 2.2.3.2.3 Software- versus Hardware-RAID

Bei der RAID-Technologie gibt es zwei verschiedene Implementierungen. Auf der einen Seite die softwarebasierte und auf der anderen Seite die hardware-basierte. Beim Software-RAID übernimmt eine auf der CPU des Host laufenden Software die Steuerung des Plattenverbunds. Oft sind aber auch schon beim Betriebssystem entsprechende Komponenten zur Verwaltung der Platten vorhanden. Wie zum Beispiel bei Windows NT bzw. Windows 2000 sind sowohl RAID 0 als auch RAID 1 und 5 realisiert. Letztere allerdings nur in der Server-Version. LINUX bietet zusätzlich auch noch RAID 4 Unterstützung.

Die Software-Lösung ist zwar meist sehr preiswert und eventuelle Anforderungssteigerungen können durch Prozessor-Upgrade befriedigt werden, doch verursacht sie eine hohe CPU-Auslastung und arbeitet plattformgebunden. Ein weiterer Nachteil ist, dass zur Ansteuerung der Laufwerke meist nur ein oder zwei Anschlüsse zur Verfügung stehen. Dies Beschränkt die mögliche Parallelisierung der Plattenzugriffe und damit die Performance.

Bei Hardware-RAID dagegen übernimmt ein Controller die Ansteuerung des Arrays. Die dabei stattfindende Entlastung der CPU bringt eine höhere Performance mit sich. Die eingesetzten Controller können auch die Laufwerke über mehrere Kanäle anbinden und ermöglichen dadurch gleichzeitige Zugriffe. Damit ist eine höhere Transferrate gesichert.

### 2.2.3.3 Restaurierung von Festplatten zur Datenrettung

Datenrettungslabore versprechen unabhängig von Medium und Betriebssystem die Wiederherstellung verloren geglaubter Daten. Dabei machen Festplatten mit zirka 80 Prozent den Hauptanteil aus. Mit 6 bis 7 Prozent fallen Bandmedien von Streamern an. Die restlichen Prozente verteilen sich auf MO-, Zip-, Jaz-Medien und Disketten sowie CDRs. Das Repertoire der Labore an rettbaren Medien umfasst damit alle gängigen Speichertypen. Zu den aufwändigeren Fällen zählen komplexe RAID-Systeme. Hier handelt es sich oft um Datenmengen von 100 GByte und mehr, die über eine ausgeklügelte RAID-Struktur über mehrere Festplatten verteilt sind.
Die Komplexität einer Datenrettung hängt auch stark vom Dateisystem des Mediums ab. Am einfachsten lassen sich FAT-Systeme rekonstruieren. NTFS- oder Linux-Dateisysteme weisen eine wesentlich komplexere Struktur auf und erfordern aufwendigere Tools und Verfahren zur Rekonstruktion.

Jedoch sind der Datenrettung auch Grenzen gesetzt. Generell gilt: Ist die physikalische Information durch Beschädigung der Medienbeschichtung nicht mehr vorhanden, kann kein Datenrettungslabor der Welt helfen. Gleiches gilt auch, wenn ein Sektorüberschrieben wurde. In der Praxis ist es dann nicht mehr möglich, die überschriebenen Daten mit wirtschaftlich vertretbaren Mitteln wieder herzustellen.

Die Datenrettung läuft in vier Phasen ab:

*Phase I )*
Trifft eine defekte Festplatte oder Medium in den Labors ein, so erfolgt als erstes eine Analyse. Dabei wird mit Spezialtechnik Art und Umfang des Schadens ermittelt sowie eine Prognose der rettbaren Daten erstellt. Zu Beginn der Analyse erfolgt eine optische Prüfung. Damit

können beispielsweise mechanische Beschädigungen der Köpfe entdeckt werden. Nach der optischen Prüfung wird die Controllerlogik einem Funktionstest unterzogen. Über spezielles Messequipment und Testpattern lässt sich gezielt die korrekte Funktion der Platine überprüfen. Meist verfügt die Firmware einer Festplatte auch über einen speziellen Diagnosemodus, über den sich schrittweise einzelne Funktionen abfragen lassen.

*Phase II )*
In dieser Phase findet die physikalische Rettung statt. Als erstes versuchen die Labore ein komplettes Image der verbliebenen Daten zu erstellen, damit sie bei den Rekonstruktionsarbeiten eventuelle Fehler leicht rückgängig machen können. Kann eine Festplatte durch Austausch defekter Teile wieder funktionstüchtig gemacht werden, erfolgt der Auslesevorgang der intakten Spuren direkt über die Festplattenschnittstelle. Schwieriger wird es, wenn sich das Laufwerk nicht mehr betreiben lässt. Der Laboringenieur nimmt dann den Magnetscheibenstapel der Festplatte auseinander.

*Phase III )*
Der so genannte Pattern-Analyser. Dieses Gerät kann einzelne Magnetscheiben aufnehmen und spurweise jeden noch intakten Sektor auslesen. Dabei wird die magnetische Orientierung jeden Bits ermittelt. Die aufgenommenen analogen Signale der einzelnen Bits wandelt der Analyser in einen Bitstream aus Einsen und Nullen um. Je nach Spur- und Bitdichte und Eigenheiten der Magnetscheiben kann der Pattern-Analyser beliebige Magnetköpfe zum Auslesen aufnehmen.

*Phase IV )*
Die logische Rettung:
Mit dem Image des Datenträgers wird über Spezialsoftware versucht, aus den Nullen und Einsen wieder Datenstrukturen zu extrahieren.
Struktursuche: Aus dem Image des Datenträgers erfolgt die Extrahierung der einzelnen Dateien. Erschwerend kommt hinzu, dass sich die Festplattenhersteller auch gegenüber den Datenrettungslabors mit Informationen über die Organisation der Daten sehr bedeckt halten. Schließlich unterscheiden sich Festplatten verschiedener Hersteller in der Performance auch durch diese Algorithmen und keiner will diese Geheimnisse preis geben. Ähnliches gilt für RAIDs. Die Hersteller von RAID-Controllern hüten ihre Algorithmen zur Anordnung und Verteilung der Daten als Betriebsgeheimnis. Um so schwieriger und zeitaufwendiger ist für die Datenretter die Analyse der Strukturen.

Die Analyse von Speichermedien ist ab 120 € möglich. Die Rettung der Daten ist abhängig von der Mediengröße. 3 GB kosten zwischen 350 und 1800 € (vgl. [DR]).

## 2.3 Mutmaßliche Angriffe

Rechenzentren sind nicht nur Naturgewalten ausgesetzt und durch Hardwarefehler in ihrem Betrieb eingeschränkt. Sie bieten auch eine Angriffsfläche für Diebstahl, Sabotage und Vandalismus. Grossen Angriffen, wie beispielsweise Bombenanschlägen werden sie wohl auch nicht durch sichere Gebäudetechnik standhalten können, es gibt jedoch Maßnahmen, wie man nur zutrittsbefugten Personen Zutritt zum Gebäude gewähren kann. So kann man zumindest Diebstahl, Sabotage und Vandalismus größtenteils ausschließen.

### 2.3.1 Schutzmaßnahmen

Um Personen den Zutritt zum Gebäude zu erlauben bzw. zu verbieten, und Personen die Rechte geben, Daten zu lesen und bearbeiten, gibt es die Zutrittskontrolle. Unter Zutrittskontrolle versteht man das Verwehren des Zutritts für Unbefugte zu Datenverarbeitungsanlagen, mit denen personenbezogene Daten verarbeitet oder genutzt werden. Die Zugangskontrolle stellt sicher, dass Datenverarbeitungssysteme nur von Befugten genutzt werden können.

#### 2.3.1.1 Zutrittskontrolle

Mit einem Zutrittskontrollsystem wird der Zutritt zu einem Gelände oder zu einem Gebäude bzw. innerhalb des Gebäudes zu Diensträumen geregelt.

Zur Zutrittsregelung können entsprechend dem Schutzbedarf unterschiedliche Sicherheitszonen definiert werden. Zunehmend kommen dabei rechnergestützte Zutrittskontrollsysteme zum Einsatz. Die Verwaltung der Zutrittsberechtigungen erfolgt dabei mit spezieller Software zentral auf einem Rechner. Für jede berechtigte Person kann eine räumliche und zeitlich eingeschränkte Zutrittsberechtigung je Sicherheitszone festgelegt werden. Der Zutritt zu den jeweiligen Sicherheitszonen wird über so genannte Terminals (bzw. Kartenleser) ermöglicht. Diese übernehmen in Zusammenarbeit mit dem PC die Kontrolle des Zutritts. Personen, die das Zutrittskontrollsystem passieren wollen, müssen sich gegenüber dem jeweiligen Terminal identifizieren. Dies kann z. B. mittels Magnet- oder Chipkarte erfolgen. Bei biometrischen Verfahren, die zunehmend in Hochsicherheitsbereichen eingesetzt werden, erfolgt die Identifizierung eines Zutrittswilligen anhand charakteristischer persönlicher Merkmale (z. B. Augenhintergrund, Gesicht oder Fingerabdruck).

#### 2.3.1.1.1 Arten der Zutrittsregelung

Es gibt verschiedene Techniken, wie man den Zutritt in Gebäude oder Räume regeln kann. Sie unterscheiden sich zum einen in der zugrunde liegenden Hardware wie Keypads und Chipkarten und zum anderen in den Merkmalen, die zur Verifikation und Identifikation verwendet werden

##### 2.3.1.1.1.1 Keypads

Eine sehr einfache und beliebte Form der Zugangskontrolle ist die Eingabe eines numerischen Codes auf einem Keypad, der richtige Code ermöglicht den Zugang.

Diese Codes können nach verschiedenen Gesichtspunkten vergeben werden, die einfachste Methode ist es, allen Personen denselben Code zuzuweisen. Weiters kann man bestimmten Gruppen von Personen einen bestimmten Nummerncode geben oder sogar für jede Person einen eigenen Code, der als PIN (Personal Identification Number) fungiert, das bietet den Vorteil, dass man auch genau weiß, welche Personen wann den gesicherten Bereich betreten haben.

Man kann mehrere einzelne, voneinander unabhängige Keypads aufstellen, jedoch ist der Verwaltungsaufwand dann sehr groß. Bei Änderungen der Passcodes muss jedes einzelne Keypads umprogrammiert werden. Eine bessere Lösung ist es, die Keypads zu vernetzen und von einer zentralen Stelle aus zu programmieren. Durch vernetzte Keypads wird es auch möglich, schnell und einfach von einem zentralen Kontrollsystem aus bestimmten Personen den Zugang zu verweigern oder bestimmte Bereiche zu sperren. Mit einigen Systemen kann man auch Zutrittsprotokolle erstellen lassen, aus denen man ablesen kann, welcher Code an welchem Keypad wann eingegeben wurde. Dies lässt sich zur Auswertung heranziehen, wenn beispielsweise ein Diebstahl begangen wurde.

### 2.3.1.1.1.2 Barcodekarten

Bar-Codes bestehen aus einer Reihe von schwarzen Linien verschiedener Breite, die auf einer Plastikkarte angebracht sind. Ein Infrarot-Lesegerät tastet den Barcode ab. Interpretiert wird der Barcode durch Lichtreflektion. An den schwarzen Streifen wird das Licht schlechter reflektiert als an den weißen Flächen.

Der Preisvorteil der Karten ist sehr groß. Lesegeräte gibt es ab ca. 700 €. Die Codes lassen sich mit spezieller Software mit jedem Drucker anfertigen. Die Software kostet ca. 200 €. (vgl. [BAC]). Jedoch lässt die Sicherheit zu wünschen übrig, denn die Karten können sehr leicht dupliziert werden.

### 2.3.1.1.1.3 Chipkarten

Jedes Zugangskontrollsystem benötigt einen Mikroprozessor, der das System steuert. Die Chipkartentechnologie ergänzt sich perfekt mit diesem Mikroprozessor. Bis jetzt hat immer das Zugangskontrollsystem die Benutzerdaten in einer zentralen oder verteilten Datenbank gespeichert und auf Basis dieser Daten die Zugangsentscheidung getroffen.

Chipkarten jedoch haben ihren eigenen Speicher und Prozessor. Sie können selbständig Zugangsentscheidungen basierend auf einem PIN (Personal Identification Number)-Code, der auf der Karte gespeichert ist, treffen. Zum Beispiel, wenn ein Benutzer eine Chipkarte in einen Kartenleser gibt und dann den falschen PIN eingibt, erkennt die Chipkarte dies und verweigert selbständig den Zutritt, wenn der Benutzer mehrmals einen falschen PIN eingibt, deaktiviert sich die Karte selbst und wird unbrauchbar.

### 2.3.1.1.1.4 Biometrische Zutrittskontrolle

Alle biometrischen Messverfahren funktionieren nach demselben Grundprinzip. Vor der biometrischen Autorisation lernt das System den Benutzer kennen, indem es seine Merkmalsstruktur analysiert. Diesen Vorgang nennt man Personalisierung. Die Analyse erzeugt ein biometrisches Muster von dem Merkmal, das zur Identifikation dienen soll. Scanner und Computer vermessen hierzu Gesicht, Iris, Stimme, Finger oder die ganze Hand. Das System speichert dabei aber nicht komplette Bilder, sondern nur ausgewählt Merkmale. Die auf das Wesentliche reduzierten Messergebnisse werden als so genannte Templates auf einem Server oder einer Smartcard als Referenzmuster abgelegt. Das Template dient künftig als Ver-

gleichsmuster, wenn sich ein Mensch per Fingerabdruck, Iris, Gesicht oder Stimme ausweisen soll.

Wie weit verbreitet die biometrischen Verfahren sind, und welches Merkmal am häufigsten genutzt wird, zeigt Abbildung 13. Die Identifikation per Fingerabdruck ist mit 50% am weitesten verbreitet. Gefolgt von Hand (15%), Gesicht (12%), Stimme (10%), Schrift (8%) und Auge (4%)

Abbildung 13: Marktanteile biom. Systeme

Wie in Abbildung 14 dargestellt, werden bei jedem Identifikationsvorgang per Sensor die Merkmale eingelesen und aus den selektierten Merkmalen per Signalverarbeitung ein biometrischer Datensatz erstellt.

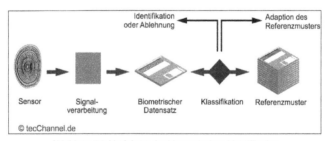

Abbildung 14: Verfahren der biometrischen Identifikation

Anschließend soll das aktuell erstellte Merkmalsmuster mit vorhandenen abgeglichen werden. Dabei gibt es zwei unterschiedliche Vorgänge

- die Verifikation
- die Identifikation

Bei der Verifikation handelt es sich um einen 1:1 Abgleich. Der Benutzer gibt sich vorher dem System zu erkennen, beispielsweise durch eine Benutzerkennung. Anschließend wird ihm vom System das bei einer Personalisierung gespeicherte Referenzmuster zugeordnet. Dieses Verfahren erfordert nur eine geringe Rechenleistung.

Bei der Identifikation hingegen erfolgt der Abgleich der aktuell aufgenommenen Merkmale gegen alle vorliegenden Daten (1:n Vergleich). Das System ermittelt den Benutzer selbstständig. Je nach Menge der gespeicherten Referenzdaten dauert die Identifikation sehr lange.

Trotz der fortgeschrittenen Technologie ist kein biometrisches Verfahren zu 100% sicher. Gute Systeme identifizieren Menschen heute mit einer Fehlerquote von unter 10 % [TÜV]. Zudem unterliegen viele biometrisch erfassbare Merkmale einem Veränderungsprozess. Krankheiten wie beispielsweise Diabetes können Schwierigkeiten bei der Identifikation per Iris mit sich bringen.


# 3 Ausblick


Wir haben nun einige Möglichkeiten kennen gelernt, wie wir den Betrieb von Rechenzentren und das Gebäude selbst sicher machen können. Aber wir haben auch Grenzen kennen gelernt. Zum Beispiel können wir mit den vorgestellten Sicherheitsvorkehrungen größere Anschläge wie Bombenanschläge nicht abwehren.

Trotz der vielen umsetzbaren Maßnahmen, gibt es immer noch Unternehmen, die entweder aus finanziellen Gründen sich scheuen, diese umzusetzen oder keine Notwendigkeit dazu sehen. Nehmen wir als Beispiel das Leibnitz Rechenzentrum München. Ein Handfeuerlöscher und eine Sprinkleranlage sollen zur Brandlöschung dienen. Leicht entflammbare Gegenstände befinden sich im Eingangsbereich. Auch die Zutrittsregelung lässt zu wünschen übrig. Ein einfaches Türschloss bietet keinen ausreichenden Schutz!

Doch eine Umfrage der Zeitschrift „Informationweek" ( siehe [IFW]) hat ergeben, Fast 50% der befragten Unternehmen hatten 1999 geplant, für das Jahr 2000 mehr in Sicherheit zu investieren. Leider haben wir keine Daten, ob sich der Trend wirklich durchgesetzt hat, und die Pläne realisiert wurden.

Doch wir hoffen, dass die Investitionen getätigt wurden und sich dieser Trend sich fortsetzt!

# Bearbeitungsverzeichnis:

# Abbildungsverzeichnis

# Literaturverzeichnis 1 / 2

[Kauf95]

Kauffels, Franz-Joachim:
Netzwerk- und System-Management
ISBN: 3-89238-125-9


[Schn01]

Schneider, Bruce:
Secret & Lies – IT-Sicherheit in einer ver-
netzten Welt
ISBN: 3-89864-113-9


[LRZ95]

Top Hard- und Software Vertriebs GmbH
Unterbrechungsfreie Stromversorgung –
USV


[Tane00]

Tanenbaum, Andrew S.
Computernetzwerke
ISBN: 3-8273-7011-6


[Bern01]

Bernstein, Herbert:
PC-Sicherheit
ISBN: 3-8007-2515-0


[TÜW]

Technische Überwachung –
Sicherheit, Zuverlässigkeit und Umwelt-
schutz in Wirtschaft und Verkehr

Ausgabe 10/2001 Oktober
Springer VDI Verlag


[BS01]

Brandschutz in öffentlichen und privat-
wirtschaftlichen Gebäuden
Bertelsmann Fachzeitschriften Supple-
ment
Heft: 2/2001


[ZÜC]

Sicheres Rechenzentrum und IT-
Umgebung

Broschüre zum Fachkongress Sicherheit
2001 / Zürich

# Literaturverzeichnis 2/2

[SIC04]
Sicherheitsberater
Informationsdienst zur Sicherheit in Wirt-
schaft und Verwaltung
G06715
Heft 4   vom 15.02.2002

[SIC06]
Sicherheitsberater
Informationsdienst zur Sicherheit in Wirt-
schaft und Verwaltung
G06715
Heft 6   vom 15.03.2002

[USV]
www.usv-anlage.de

[PfB]
www.pruefstelle.at/news1.11.01.html

[DAE]
www.daetwyler.de/d/produkte

[TEC3]
www.tecchannel.de

[BAC]
www.strichcode.com

[DR]
www.tecchannel.com/hardware/651

[IFW]
www.informationweek.de/index.php3?/
studien/